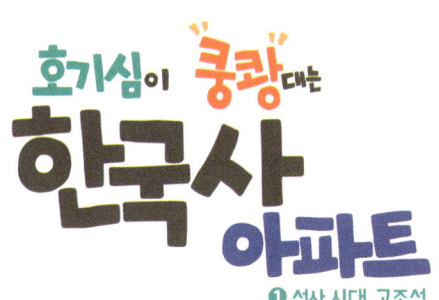

호기심이 쿵쾅대는
한국사 아파트 ❶ 선사 시대, 고조선

지은이 윤희진
펴낸이 정규도
펴낸곳 (주)다락원

초판 1쇄 발행 2018년 2월 26일
     2쇄 발행 2019년 9월 20일

편집총괄 최운선
기획편집 김영아
디자인 김성희, 이승현
일러스트 신혜진

다락원 경기도 파주시 문발로 211
내용문의 (02) 736-2031 내선 274
구입문의 (02) 736-2031 내선 250~252
Fax (02) 732-2037
출판등록 1977년 9월 16일 제406-2008-000007호

Copyright © 2018, 윤희진

저자 및 출판사의 허락 없이 이 책의 일부 또는 전부를 무단 복제·전재·발췌할 수 없습니다. 구입 후 철회는 회사 내규에 부합하는 경우에 가능하므로 구입문의처에 문의하시기 바랍니다. 분실·파손 등에 따른 소비자 피해에 대해서는 공정거래위원회에서 고시한 소비자 분쟁 해결 기준에 따라 보상 가능합니다. 잘못된 책은 바꿔 드립니다.

ISBN 978-89-277-4689-8 74900
ISBN 978-89-277-4688-1 74900(세트)

http://www.darakwon.co.kr
다락원 홈페이지를 통해 인터넷 주문을 하시면 자세한 정보와 함께 다양한 혜택을 받으실 수 있습니다.

글 윤희진
그림 신혜진
감수 김태훈

차례

101호
선사 시대: 딱!딱! 쿵!쿵! 딸랑!딸랑! 영차!영차! ········ 6
선사 시대: 소리의 정체 ································· 12
선사 시대의 보다 자세한 이야기 ···················· 24

호기심의 한국사 노트 선사 시대 ···················· 82

201호
고조선: 으르렁!어흥! 우!우! ······················· 86
고조선: 소리의 정체 ································· 92
고조선의 보다 자세한 이야기 ······················ 100

호기심의 한국사 노트 고조선 ······················ 124

안녕! 내 이름은 **기심**이야. **호기심!**

내가 사는 **아파트**엔
다양한 사람들이 살고 있어.
어떤 사람이 사는지 **궁금**하지만,
알지는 못해.

그런데 우리 아파트에서는 매일 다른 **소리**가 나.
도대체 **누가? 왜?**
그런 소리를 내는 걸까?

아! 도저히 못 참겠어.
소리의 정체가 무엇인지
우리 한번 찾아가 보자!

딱! 딱!   쿵! 쿵!

휴, 우리 아파트는 왜 이렇게 **시끄러울까**?
신기하게 내가 **역사책**만 읽으려고 하면 이런다니까.
도대체 누가 살길래 이런 **이상한 소리**를 내지?

영차! 영차!   딸랑! 딸랑!

안 되겠다. 아, 궁금해.
한번 찾아가 볼까!

딩동! 딩동!

"누구세요?"

"전 이 아파트에 사는 기심이라고 하는데요, 호기심요. 저……."

"아, 반가워. 들어와."

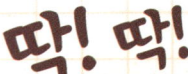

구석기 시대 사람이 작은 돌을 큰 돌에 내리치는 소리였구나!

그런데 **왜** 돌을 돌에 **내리치고** 있지?

신석기 시대 사람이 땅을 파는 소리였네!

왜 저렇게 열심히 **땅을 파고 고르는 걸까?**

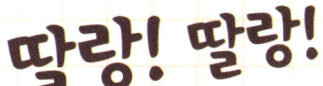

청동기 시대 우두머리가 청동 방울을 흔드는 소리였구나!

그런데 **왜** 방울을 **흔들고** 있는 거야?

영차! 영차!

청동기 시대 사람이 큰 돌을 옮기느라 내는 소리였구나!

도대체 뭘 하려고 저렇게 **큰 돌을 옮기고** 있는 거야?

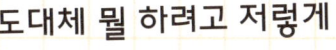

딱! 딱!

작은 돌을 자르려고 하는 거예요.

아래에 있는 단단하고 커다란 돌에 또 다른 돌을 내리쳐서 깨는 거지요.
왜 돌을 깨느냐고요?
그렇게 날카롭게 만든 돌로
땅을 파기도 하고 고기를 자르기도 했어요.
구석기 시대에는 지금 우리가 사용하는
쇠로 만든 칼이나 삽 같은 도구가 없었거든요.
사람들이 최초로 사용한 도구는
나뭇가지나 돌, 동물 뼈처럼 자연에서 쉽게 구할 수 있는 것이었어요.
딱! 딱!
이 소리는 이 땅에 살던 구석기 시대 사람이
인류 최초의 도구를 만드는 소리랍니다.

쿵! 쿵!

집을 지으려고 하는 거예요.

자연에서 먹을 것을 구하던 구석기 시대에는
옮겨 다니며 살아야 했기 때문에 주로 동굴에 살아 집을 지을 필요가 없었어요.
신석기 시대가 되자 농사를 지을 줄 알게 되면서 한곳에 오래 머물러 살았지요.
그렇다고 지금과 같은 튼튼한 집을 짓지는 못했어요.
시멘트도 없고 벽돌도 없었으니까요.
하지만 사람들은 가족이 안전하게 지낼 수 있도록 열심히 집을 지었어요.
땅을 오십에서 백 센티미터 정도 파서 바닥을 평평하게 고른 뒤
나무 기둥을 세우고 갈대나 억새를 엮어
지붕을 얹는 방법으로 집을 지었대요.
이렇게 지은 집을 움집이라고 해요.
쿵! 쿵!
이 소리는 이 땅에 살던 신석기 시대 사람이
소중한 보금자리를 만드는 소리랍니다.

딸랑! 딸랑!

제사를 드리고 있는 거예요.

청동기 시대부터는 마을의 우두머리가 생겼어요.
우두머리는 지금의 대통령처럼
정치적으로나 군사적으로 무리를 이끌기도 했지만,
하늘에 제사를 지내기도 했지요.
하늘의 뜻을 사람들에게 전하고
사람들의 소원을 하늘에 비는 제사장의 역할은 매우 중요했어요.
그래서 그 당시 가장 귀했던
청동 거울을 목에 걸고 청동 방울을 흔들며
자신이 하늘의 뜻을 전하는 사람이라는 것을 나타냈어요.
햇빛을 반사해 반짝반짝 빛나는 청동 거울과
딸랑딸랑 신령스럽게 울리는 방울 소리는
우두머리를 매우 특별한 사람으로 보이게 했을 거예요.
딸랑! 딸랑!
이 소리는 청동기 시대 우두머리가
하늘에 제사를 지내기 위해 청동 방울을 흔드는 소리랍니다.

영차! 영차!

무덤을 만들기 위해 백 명도 넘는 사람들이 큰 돌을 옮기고 있어요.

청동기 시대에는 땅을 파거나 아니면 그냥 땅 위에 돌로 무덤을 만들고,
그 위에 큰 돌을 지붕처럼 얹었어요. 이 무덤을 고인돌이라고 해요.
지금처럼 굴착기나 수레가 있었으면 편하게 옮길 수 있었겠죠?
저렇게 많은 사람이 큰 돌을 옮긴 걸 보면
무덤 주인은 아주 큰 마을의 족장이었나 봐요.
당시 사람들이 정성껏 무덤을 만든 것은
죽은 뒤 다음 세상에서도 지금과 같은 삶을 산다고 믿었기 때문이에요.
그래서 죽은 뒤에 쓸 수 있도록
살아 있을 때 사용하던 물건과 자주 먹던 곡식을
정성껏 무덤 안에 넣어 주었지요.
영차! 영차!
힘쓰는 이 소리는 이 땅에 살던 청동기 시대 사람들이
고인돌을 만드는 소리랍니다.

선사 시대 사람들은 어떻게 살았을까?

이 땅에 처음 살기 시작한 사람들

지구가 태어난 것은 까마득한 옛날인 오십억 년 전.
지구에 사람의 먼 조상이 살기 시작한 것은 사백오십만 년 전쯤이라고 해요.
인류가 처음 살았던 곳은 아프리카였어요.
그러다 차츰 유럽과 아시아로 퍼져 살게 되었지요.
아시아의 동쪽 끝 지역인 우리나라에 사람이 처음 살게 된 것은
지금으로부터 칠십만 년 전쯤이었어요.

자유로워진 두 손으로 도구를 사용해요

처음에는 네 발로 걷던 사람이 차츰 두 발로 걷게 되면서
두 손으로 도구를 사용할 수 있게 되었어요.
자연에서 쉽게 구할 수 있는 돌, 나뭇가지, 동물 뼈를 이용해
열매를 따거나 식물의 뿌리를 캐고, 동물을 사냥해서 먹을 것을 구했지요.

무엇을 먹고살았을까?

이 땅에 처음 살던 사람들은 아직 먹을거리를 스스로 키워 낼 줄 몰랐어요.
들이나 숲에서 풀과 나무의 열매, 잎 같은 것을 따거나 뿌리를 캐서 먹었지요.
주로 대추, 밤 같은 열매나 도라지, 냉이, 쑥 같은 식물을 먹었다고 해요.

사냥해서 고기도 먹어요

이 무렵 사람들이 살던 곳에서는 여러 가지 동물 뼈가 발견되기도 해요.
사냥해서 동물을 잡아먹었다는 증거지요.
많이 발견되는 뼈는 사슴, 노루, 멧돼지, 곰, 쌍코뿔이의 뼈예요.
아! 원숭이 뼈도 발견되었어요.
지금은 동물원에서만 볼 수 있는 원숭이가
아주 옛날에는 우리 땅에 살았나 봐요.
그런데 쌍코뿔이가 뭐냐고요? 이제는 지구상에서 사라진 동물인데,
아마도 코에 큰 뿔이 두 개 있는 코뿔소처럼 생기지 않았을까요?

어떻게 사냥했을까?

총은커녕 칼과 화살도 없던 그 옛날,
사람들은 쌍코뿔이와 멧돼지처럼 크고 사나운 동물을 어떻게 사냥했을까요?
처음에는 직접 사냥하지 않고, 다른 동물이 먹다 남긴 것을 주워 먹었을 거예요.
예를 들면, 하이에나 떼가 사냥에 성공해서 먹다 남긴
쌍코뿔이나 코끼리의 고기를 가져다 먹는 식으로 말이에요.

발달하는 사냥 기술

사람들은 차츰 사냥하는 기술을 익혀 갔어요.
처음에는 토끼나 사슴, 노루 같은 작고 순한 동물을 사냥했는데,
사실 이런 동물도 워낙 빨라서 혼자 사냥하기는 힘들지요.
그래서 힘을 합치기 시작했어요.
토끼나 노루를 발견하면 여러 명이 빙 둘러 한쪽으로 몰아가는 방식으로요.
좀 더 큰 동물을 잡을 때는
미리 구덩이를 파 놓거나 절벽으로 몰아 떨어뜨려서 잡았을 거예요.

돌을 깨뜨려 도구를 만들어요

당시 사람들이 가장 많이 사용한 도구는 돌이에요.
사냥할 때나 사냥한 뒤 고기를 자르고 가죽을 벗길 때,
또는 식물의 뿌리를 캘 때 사용했어요.
돌을 가장 중요한 도구로 사용했던 이 무렵을 석기 시대라고 하지요.

뗀석기를 사용한 구석기 시대

아마 처음에는 주변에 있는 돌멩이를 가져다 그대로 썼을 거예요.
그러다 차츰 쓰임새에 맞게 돌을 깨뜨리거나
바윗돌을 떼어 내 사용하기 시작했어요.
이렇게 만든 도구를 뗀석기라고 해요.
석기 시대가 워낙 길어서 구석기 시대와 신석기 시대로 나누어 부르는데,
이렇게 뗀석기를 사용하던 무렵을 더 오래된 석기 시대라는 뜻에서
구석기 시대라고 해요.

뗀석기를 만드는 방법

뗀석기를 만드는 방법은 간단해요.
두 손으로 돌 하나를 쥐고 바닥에 있는 큰 바위에 내리쳐 떼어 내기도 하고,
한 손으로 돌을 쥐고 다른 한 손에도 단단한 돌을 쥔 채 내리치기도 했어요.
시간이 지나면서 뗀석기를 만드는 방법도 차츰 발전했어요.
돌에 지금의 쐐기나 끌 역할을 하는 날카로운 물체를 대고
망치 역할을 하는 다른 돌을 두드려 더욱 정교한 도구를 만들기도 했고,
작고 날카로운 도구로 힘껏 눌러 아주 작은 도구를 만들기도 했지요.

다양한 뗀석기들

이렇게 간단한 방법으로도 제법 다양한 도구를 만들어 사용했어요.
주먹에 쥐고 사용하는 주먹도끼는
찍는 날과 자르는 날, 두 개가 모두 있는 구석기 시대 만능 도구였고,
평평한 날을 세운 긁개는 짐승 가죽을 벗기거나 고기를 저밀 때 사용했어요.
사냥해 온 짐승의 살을 자를 때는 찍개를, 나무껍질을 벗겨 낼 때는
밀개를 사용했고, 짐승을 사냥할 때는 찌르개를 썼어요.

불을 사용해요

최초의 사람은 불을 사용할 줄 몰랐어요.
그래서 자연에서 얻은 식량을 날것으로 먹었어요.
그러면 기생충이나 병균을 그대로 흡수하게 돼 병에 자주 걸리죠.
음식이 잘 상하기도 하고요.
그러다 어느 날 우연히 벼락이 떨어져 나무에 불이 붙는 걸 보았어요.
이후 나뭇가지를 비비거나 부싯돌을 부딪쳐 불을 일으키는 방법을
알게 되면서 사람들은 불을 사용하게 됐을 거예요.
불은 추위를 막아 주고, 사나운 짐승으로부터 보호해 줄 뿐만 아니라
음식 맛도 훨씬 좋게 해 주고, 병에 잘 걸리지 않게 해 주었죠.
뗀석기를 이용해 사냥해 온 고기를 불에 익혀 먹으면서
사람들은 예전보다 훨씬 오래 살 수 있었어요.

동굴이나 큰 바위 옆에 살아요

열매, 나물 같은 것을 따거나 동물을 사냥해서 먹을 것을 구했기 때문에
주변에 먹을거리가 떨어지면 다른 곳으로 가야 했어요.
이곳저곳 자주 이동하다 보니 집을 짓지 않고 동굴 속에 살거나
큰 바위 옆에 땅을 판 뒤 돌로 주변을 막아 아늑한 보금자리를 만들었지요.

동굴 안 생활

동굴 한가운데 땅을 파거나 돌을 쌓아 화덕을 만들었어요.
화덕에서 불을 피워 추위도 피하고 사냥해 온 고기를 익혀 먹었지요.
날이 저물면 바닥에 나뭇잎이나 보드라운 재를 깔고
두꺼운 짐승 가죽을 덮어 추위를 이겨 냈고요.

물고기를 잡기도 해요

구석기 시대 초반은 지금보다 훨씬 추운 빙하기였다고 해요. 강과 호수에 얼어 있는 곳이 많아 물고기를 잡기 어려웠어요. 그러다 차츰 날씨가 따뜻해지면서 육지에 있는 사나운 동물보다 사냥하기 쉬운 물고기를 잡아먹는 사람이 늘어 갔지요.

아직 요리는 할 줄 몰라요

사냥한 짐승의 고기나 생선, 딱딱한 식물의 뿌리를
불에 구워 먹기는 했지만, 아직 요리할 줄은 몰랐던 것 같아요.
구석기 시대 사람이 살던 동굴에서 그릇이나 요리 도구가
발견되지 않았거든요.

옷을 입었을까?

아마도 최초의 사람은 옷을 입지 않고 살았겠죠?
다른 동물처럼요.
하지만 구석기 시대 초반의 날씨가 매우 추웠다고 예측되는 것을 보면,
추위 때문이든, 몸의 중요한 부분을 보호하기 위해서든
차츰 간단한 옷을 입었을 거예요.
동물 가죽이나 나무 잎사귀로 만든 옷을 입지 않았을까요?

협동이 중요해요

사람은 자연 속에서 나약한 존재예요.
혼자서는 사냥하기도 어렵고, 사나운 짐승으로부터
몸을 보호하기도 쉽지 않죠.
그래서 오래전부터 여럿이 힘을 합쳐 살았어요.
함께 식량을 구하고, 함께 아이를 키우며 무리 생활을 했지요.
서로서로 힘을 합쳐 험난한 자연 속에서 살아남았어요.

신석기 시대의 시작

아주 오랜 시간 동안 천천히 발전을 이룬 구석기 시대 사람은
차츰 자연을 이용하는 방법을 터득했어요.
나무 열매나 뿌리를 찾아다니며 먹을거리를 얻는 것에서 한 걸음 더 나아가
씨를 뿌려 열매를 거둘 수 있게 되었고,
동물을 사냥할 뿐만 아니라 기를 수 있게 되었지요.
지금으로부터 일만 년 전 무렵 시작된 새로운 이 시대를 신석기 시대라고 해요.

새로운 석기의 등장, 간석기

이 당시를 신석기 시대라 부르는 이유는
사람이 살아가는 데 가장 중요한 도구는 여전히
돌이었지만, 지금까지의 뗀석기와는 다른
간석기를 사용하기 시작해서예요.
돌로 도구를 만드는 기술이 발전해
이제는 돌의 거친 면을 갈아서 더 다양한 도구를 만들기 시작했지요.

날씨가 따뜻해졌어요

신석기 시대가 시작될 무렵에는 구석기 시대보다
기온이 높아지고 그에 따라 자연환경도 달라졌어요.
숲은 더 우거지고, 빙하가 녹아 강과 호수의 물도 많아졌죠.
특히 바다에서 얻는 먹을거리가 풍부해졌어요.

식량 문제를 해결해 준 농사

신석기 시대의 가장 큰 특징은 농사짓기예요.
어느 날 갑자기 농사를 시작한 건 아닐 테고,
땅에 떨어진 씨앗에서 열매가 열리는 것을 알아챈 사람이
하나둘 늘어나면서 농사는 시작되었을 거예요.
농사를 시작하면서 사람들은 스스로 먹을거리를 생산할 수 있게 되었죠.

개와 돼지를 길러요

사냥 갔던 사람들 가운데 동물의 새끼를 잡아다 바로 먹지 않고,
좀 더 길러서 잡아먹자고 생각한 사람이 있었을 거예요.
이렇게 사람들은 힘들고 위험한 사냥 대신 동물을 잡아다 기르기 시작했어요.
신석기 시대 사람이 가장 먼저 기른 동물은 돼지와 개였어요.
야생 멧돼지와 야생 이리에게 먹이를 주면서 길들였지요.

쫓아오지 마!

다양한 간석기들

신석기 시대에는 돌을 갈아 도구를 만들었다고 했지요?
돌을 갈면 날카로운 날을 세울 수 있고 돌에 구멍을 뚫을 수도 있어요.
이렇게 해서 농사를 하는 데 필요한 돌괭이, 돌보습, 돌낫 등을 만들고,
활과 돌화살촉을 만들어 멀리 있는 들짐승이나 바다짐승을
사냥하는 능력도 훨씬 좋아졌어요.
돌로 그물추를 만들어 물속에서 그물이 뜨지 않도록 하기도 했고요.

고래와 바다표범을 사냥해요

신석기 시대 사람은 뛰어난 어부였어요.
지금 우리가 먹고 있는 생선 대부분을 잡아먹었고, 먼바다에 나가
고래, 바다표범, 물개 등도 잡았지요.
또 바닷가에서 쉽게 구할 수 있는
조개와 굴도 많이 먹었어요.
구석기 시대보다 훨씬 발달한 도구가
있었기에 가능했던 일이에요.

바위에 그림을 그려요

이 무렵 사람들이 살던 골짜기에는 바위에 그린 그림이 많아요.
너비 십 미터, 높이 삼 미터가 넘는 넓은 바위에
배, 그물, 작살, 방패를 비롯해
개, 멧돼지, 호랑이, 사슴, 고래, 물개, 거북이 등이 그려진
바위 그림이 지금까지 남아 있어요.
어느 한 사람이 아니라 오랜 시간 여러 사람이 공들여 그린 듯한
이 그림은 사냥과 고기잡이를 가르치는 교과서였을지도 몰라요.

동굴이 아니라 움집에 살아요

농사짓고 가축을 기르면서 이제는 먹을거리를 찾아 떠돌지 않아도 되었어요.
그래서 나무나 동물이 많은 산속보다는
농사짓기 좋은 강가나 바닷가 평지에 집을 짓기 시작했죠.
아직 제대로 벽을 쌓고 지붕을 올리지는 못했지만,
땅을 약간 판 뒤 나무로 뼈대를 만든 다음 풀이나 짐승 가죽으로
벽과 지붕을 둘렀어요.

움집의 구조

움집 한가운데에는 불 피울 자리를 만들었어요.
집 안을 따뜻하게 하고 밤이 되면 환하게 밝혀 줄 불을 집 가운데 피우는 거죠.
신석기 시대에는 마을 사람이 함께 일하는 큰 집도 있었어요.
마을 사람 모두 모여 음식을 마련한 뒤 다 같이 나누어 먹는 일이
많았던 것 같아요.

고래가 이~만해.

정말?

흙으로 만든 그릇

움집에서 사람들은 흙으로 만든 그릇과 돌로 만든 도구를 사용했어요.
이제 음식을 보관하고 요리할 수 있게 된 거예요.
이때 사용하던 그릇은 흙으로 빚은 토기예요.
진흙을 반죽해 형태를 만들고 불에 구워 만들었는데,
이 그릇에는 대부분 머리빗으로 비스듬히 그은 것 같은 무늬가 새겨져 있어요.
그래서 빗살무늬 토기라고 하지요.

빗살무늬 토기는 왜 밑이 뾰족할까?

지금까지 발견된 빗살무늬 토기는 모두 밑바닥이 뾰족해요.
그래서 바닥에 세워 둘 수가 없지요.
그런데 왜 그런 모양으로 만들었을까요?
집을 짓는 자리가 지금처럼 딱딱한 시멘트 바닥이 아니라
흙이나 모래 위라서 그릇을 바닥에 푹 꽂아 사용했기 때문일 수 있어요.
몸통에 구멍이 뚫린 것을 보면 끈을 꿰어 들고 다녔기 때문일 수도 있고요.

씨족 사회

움집은 보통 여러 개가 옹기종기 모여, 하나의 마을을 이루고 있었어요. 이곳에 살던 사람들은 대부분 핏줄로 연결된 친족 관계였지요. 이렇게 친족 관계의 사람들끼리 모여 사는 것을 씨족 사회라고 해요.

함께 일하고 공평하게 나눠요

씨족 사회에서는 모두 함께 일하고, 모두 함께 나눠 먹었어요.
구석기 시대보다 먹을 것이 넉넉하기는 했지만,
아직은 힘을 합쳐 일해서 나눠 먹을 정도였어요.
먹고 남아 보관할 정도는 아니었기 때문에 누구 한 사람에게
속한 재산은 없었어요.

다른 마을 사람과 결혼해요

씨족 사회이다 보니 결혼은 보통 다른 마을 사람과 했어요.
같은 마을 사람은 피를 나눈 친척이라고 생각했거든요.
같은 핏줄끼리 결혼하면 건강하지 못한 아이가 태어날 확률이 높다는 것을
신석기 시대 사람도 알고 있었던 것 같아요.

옷감을 짰어요

신석기 시대에는 실로 옷감을 만들 수 있었어요.
삼이라는 풀의 속껍질에서 실을 뽑아 팽이처럼 생긴 가락바퀴를 이용해
길게 실타래를 만들었지요.
또 짐승 뼈를 깎거나 갈아서 바늘을 만든 뒤 바느질을 했어요.
삼에서 뽑아낸 실로 삼베옷도 만들어 입고,
동물이나 큰 물고기의 가죽으로도 옷을 만들어 입었을 거예요.

팔찌와 발찌로 멋을 내요

조개껍데기로 팔찌나 발찌를 만들어 장식하기도 하고,
동물 뼈나 옥으로 목걸이와 귀고리를 만들어 치장하기도 했어요.
긴 머리카락을 단정하게 정리하는 뒤꽂이를 꽂기도 했고요.
구석기 시대보다 먹을거리가 넉넉했기 때문에 장식품을 만들 여유도 있었지요.

다른 마을과 서로의 물건을 바꿔요

한곳에 머물러 살게 되면서 어떤 마을은 농산물을 많이 생산하고,
또 어떤 마을은 물고기를, 그리고 어떤 마을은 동물 가죽을
필요한 양보다 더 많이 갖게 되었어요.
그러자 농산물이 많은 마을에서
농산물을 물고기나 동물 가죽으로 바꾸려 했고,
물고기가 많은 마을에서는
물고기를 농산물 같은 다른 물건으로 바꾸려고 했지요.

일본, 중국과도 물건을 바꿔서 써요

신석기 시대에 일본과 물건을 바꿨다는 증거가 있어요.
우리나라 남해안에 있는 신석기 시대 유적에서 흑요석이 많이 나왔는데,
이 흑요석은 화산 지대에서만 나는 암석이에요.
분명 남해안은 화산 지대가 아닌데 말이죠.
현대의 과학자들이 조사해 보니 그 흑요석은 일본의 섬에서 나는 거래요.
서해안에 살던 사람들이 중국과 물건을 바꿨다는 증거도 있어요.

꽃을 뿌리는 장례식

신석기 시대 사람도 가족이 죽으면 무덤을 만들었어요.
땅을 파 평평하게 바닥을 고른 뒤, 해가 뜨는 동쪽에 시신의 머리를 두고
주위에 평소 사용하던 물건을 놓아 주었죠.
그리고 시신 주위에 꽃을 뿌려 주기도 했어요.
마지막으로 그 위에 흙을 덮어 작은 무덤을 만들어 주었어요.
또 다른 세상에서 편히 살기를 바라는 마음을 담아서요.

도구를 만드는 사람들

구석기 시대에서 신석기 시대를 지나면서
사람들은 점점 더 지혜롭게 자연을 이용했고, 정교한 도구를 만들어 갔어요.
뼈로 만든 바늘, 돌로 만든 화살촉은
솜씨 좋은 사람이 아주 오랫동안 공들여 만든 도구이지요.
잘 빚은 토기도요.
그러다 보니 정교한 도구를 전문적으로 만드는 사람이 생겨났어요.

금속을 다루기 시작했어요

도구와 불을 다루는 능력이 뛰어난 사람들 가운데
금속을 다룰 줄 아는 사람이 나타났어요.
구리를 높은 온도에서 녹여 다양한 모양의 도구를 만드는 것이죠.
그런데 구리는 매우 물러서
농기구나 사냥하는 도구로 사용하기에 불편했어요.
구리에 주석, 납 등을 섞자 마침내 단단한 청동이 만들어졌죠.
지금으로부터 삼천여 년 전의 일이에요.

돌보다 단단한 청동기

청동으로 만든 도구는 잘 깨지지 않았어요.
번쩍거리기도 해서 멋졌고요.
그래서 청동은 돌보다 훨씬 귀했어요.
구하기 쉽지 않았고, 잘 만들기도 쉽지 않았죠.
그래서 몇몇 사람만 특별한 목적을 위해 청동기를 가질 수 있었어요.

청동 방울과 청동 거울

흔들면 요란한 소리가 나는 청동 방울은
전쟁의 우두머리나 제사를 지내는 제사장이 사용했어요.
햇빛을 받으면 빛이 나는 청동 거울은 제사장이 제사를 지낼 때
목에 걸거나 옷에 매달아 사용한 것 같고요.
청동 방울을 흔들고 청동 거울을 매단 제사장은
당시 매우 중요한 사람이었을 거예요.

청동기 시대에도 농사는 돌로

청동이 귀하다 보니 청동기 시대에도 농사 도구나 일상적인 물건은
돌이나 나무로 만들었어요.
청동으로는 칼 같은 무기나 제사를 지내는 데 필요한 것을 만들었지요.
그렇다고 청동 도구를 전혀 만들지 않았던 것은 아니에요.
청동 도끼, 청동 끌 같은 것을 만들어 다른 도구를 만드는 데
사용하기도 했어요.

벼농사를 지어요

청동기 시대에는 농사짓는 기술이 더욱 발전해 벼농사를 짓기 시작했어요.
이제 비로소 사람들이 쌀로 만든 음식을 먹을 수 있게 된 거죠.
신석기 시대부터 시작된 조, 피, 기장, 수수 등을 농사짓는 방법도
더욱 발달하여 먹을거리가 풍부해졌어요.

가축을 우리에서 기르기 시작해요

가축을 기르는 방법도 더욱 발전해 이제 우리 안에서 기르기 시작했어요.
돼지, 소, 말, 개를 주로 길렀죠.
우리에 가두어 길렀다는 것은 이제 내 것과 남의 것을 구분하기 시작하면서,
개인 재산이 생겼다는 의미예요.

민무늬 토기

신석기 시대 토기에는 빗살무늬가 있어요.
하지만 청동기 시대 토기에는 무늬가 없어요.
그래서 민무늬 토기라고 하지요.
그릇 밑바닥이 평평해 바닥에 세워 사용했어요.

이제는 평등하지 않아요

도구와 기술이 발달하면서 농사짓기와 가축 키우기로
먹을거리를 많이 얻을 수 있었어요.
그러자 먹고 남은 곡식과 가축을 더 많이 갖는 사람이 생기고,
덜 갖는 사람이 생겨났어요.
보통은 힘이 있거나 기술이 있는 사람이 더 많이 가져갔지요.
이제 모든 사람이 평등하지는 않아요.

지배하는 사람과 제사 지내는 사람

힘과 재산을 가진 사람이 마을의 우두머리가 되었어요.
이들은 청동 무기로 무장한 뒤 사람들을 지배했고,
청동 거울과 청동 방울로 치장하며 제사를 이끌었어요.
권력을 가진 지배자가 등장한 것이지요.

부족 사회

청동기 시대에는 마을의 크기가 더 커졌어요.
힘센 마을의 지배자는 힘이 약한 마을을 침략해
땅과 식량을 차지해 나갔지요.
이제는 같은 핏줄끼리 오손도손 모여 사는 씨족 사회가 아니라
힘센 우두머리가 이끄는 부족 사회가 되었어요.

성벽을 세우고 도랑을 파요

부족끼리 전쟁을 하게 되자 다른 부족의
침입을 막기 위해 마을을 빙 둘러 성벽을 세우거나 구덩이를 파고
물을 채워 넣기도 해요.
이것을 해자라고 하지요.
또 이 시기에는 주로 언덕 위에 마을을 만들어 적의 침입을 살피고
대비했어요.

족장의 무덤, 고인돌

청동기 시대에 부족을 이끄는 족장은 자신의 권력을 자손에게 물려주었고,
죽어서도 자신이 특별하다는 것을 과시하고 싶어 했어요.
그래서 많은 사람을 동원해 엄청나게 큰 돌로 무덤을 만들고
그 무덤 속에 청동 칼 같은 귀한 물건을 함께 묻었죠.
그렇게 만들어진 것이 고인돌이에요.

고인돌은 어떻게 만들었을까?

어떤 고인돌은 덮개돌의 무게가 팔십 톤이나 된다고 해요.
대형 트럭 열 대 정도가 있어야 움직일 수 있는 무게죠.
도대체 어떻게 그 무거운 돌을 옮겼을까요?

1. 먼저 큰 바위를 알맞은 모양으로 잘라내야 해요. 그러기 위해서는 바위 결을 따라 난 틈에다 홈을 파서 나무 말뚝을 박고 홈을 물로 채워요. 나무가 물에 불어 퉁퉁해지면 바위가 갈라지지요.

2. 다음 문제는 그 바윗돌을 옮기는 거예요. 길을 따라 기다란 통나무를 기찻길처럼 깔고 그 위에 다시 빗겨서 통나무를 얹은 뒤 거기에 돌을 옮겨 놓고 밀면, 돌이 앞으로 가요.

3. 자, 무덤까지 돌을 갖고 왔으면, 먼저 받침으로 굄돌 두 개를 세워요.

4. 굄돌 뒷면에 막음돌까지 세운 다음 흙으로 덮어 언덕을 만든 뒤 덮개돌을 꼭대기에 올려요.

5. 이제 흙을 치운 뒤 무덤 안에 시신을 모시고 앞면에 막음돌을 놓으면 고인돌이 완성된답니다.

국가의 탄생

청동기 시대에는 힘센 부족이 다른 부족을 침입해
재산과 땅을 빼앗는 전쟁이 자주 일어났다고 했죠?
전쟁에서 이긴 부족은 크기가 점점 더 커졌고, 힘도 더 세졌어요.
이렇게 커진 부족은 국가로 성장했답니다.

호기심의 한국사 노트
선사 시대

두 발로 걷기 시작하면서 사람의 두 손이 자유로워져 도구를 사용할 수 있었다.

지금으로부터 약 칠십만 년 전, 까마득한 옛날부터 이 땅에 사람이 살기 시작했다.

신석기 시대부터는 조나 수수 같은 작물을 키우거나 가축을 기르면서 먹을 것이 풍부해졌다.

이 소리야!
쿵! 쿵!

구석기 시대에 동굴에서 살다가, 신석기 시대에는 움집을 짓고 흙으로 그릇도 만들었다.

이 소리야!
딸랑! 딸랑!

청동기를 사용하면서 지배하는 사람과 지배받는 사람이 생기기 시작했다.

82

사람이 사용한 최초의 도구는 자연에서 쉽게 얻을 수 있는 돌이나 나뭇가지이다.

이 소리야! 딱! 딱!

특히 돌을 다듬어 많은 도구를 만들었다. 처음에는 뗀석기를 사용했는데, 이때를 구석기 시대라고 한다.

불을 사용해 음식을 익혀 먹으면서 구석기 시대 사람은 예전보다 훨씬 오래 살 수 있었다.

나무 열매나 뿌리만 먹던 구석기 시대 사람이 사냥하면서 맛있는 고기를 먹기 시작했다.

이 소리야! 영차! 영차!

청동기 시대에 마을을 지배하던 족장이 죽으면 고인돌을 만들었다.

"아하!
왜 그런 소리가 나는지 이제 알겠어!"

101호 선사 시대 사람들과 함께 찰칵!

101호 선사 시대 이야기 끝 >>>

으르렁! 어흥! 우! 우!

또 무슨 일인 걸까?
오늘은 누가 **이런 소리**를 내는 거지?

안 되겠다. 아, 궁금해.
다시 가 봐야겠어!

87

딩동! 딩동!

"누구세요?"

"전 이 아파트에 사는 기심이라고 하는데요,
호기심요. 저……."

"아, 반가워. 들어와."

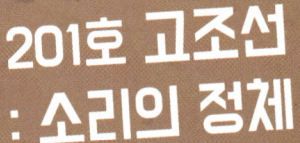

201호 고조선
: 소리의 정체

으르렁! 어흥!

곰과 호랑이가
뭐가를 빌고 있는
소리였구나!

오~

비나이다~
비나이다~

그런데
무얼 저렇게 간절히
빌고 있는 거지?

으르렁! 어흥!

'사람이 되게 해 주세요. 사람이 되게 해 주세요…….'
곰과 호랑이가 사람이 되게 해 달라고 빌고 있어요.

하늘에 살던 환웅이
인간 세상을 구하고자 땅에 내려와 세상을 다스릴 때의 일이에요.
곰 한 마리와 호랑이 한 마리가
환웅에게 사람이 되게 해 달라고 간절히 말했죠.
이에 환웅은 쑥과 마늘을 주며, 백 일 동안 이것만 먹고
햇빛을 보지 않으면 사람이 될 수 있다고 말했어요.
곰은 그 말대로 잘 참아 스무하루 만에 여자가 되었지만,
호랑이는 참지 못해 사람이 되지 못했지요.
으르렁! 어흥!
이 소리는 단군 신화 속 곰과 호랑이가
사람이 되게 해 달라고 비는 소리랍니다.

우! 우!

중국 한나라 군사가 고조선에 쳐들어왔어요.

단군이 세운 고조선은 점차 주변 지역을 아우르며 성장해 나갔어요.
가까이 있는 작은 나라들을 정복한 뒤
중국에 맞서는 강한 나라가 되어 갔지요.
그러자 한나라가 자기 뜻을 따르지 않는다고 쳐들어온 거예요.
우! 우!
말달리며 전쟁하는 소리는
이 땅에 살던 고조선 사람들이
한나라의 침입에 거세게 저항하며
맞서 싸우는 소리랍니다.

고조선의
보다 자세한 이야기

201호

단군 신화

우리나라 최초의 국가는 고조선이에요.
고조선이 세워지던 이야기를 단군 신화라고 하는데,
단군 신화에 대해 조금만 더 자세히 알아볼까요?

아주 옛날, 하늘에 살던 환인에게 환웅이라는 아들이 있었어요.
환웅은 인간 세상에 내려가 살고 싶어 했죠.
아버지 환인이 마침내 허락하자
환웅은 태백산 꼭대기로 내려와 사람들을 다스리기 시작했어요.

바람, 비, 구름의 신

환웅이 인간 세상에 내려올 때
바람의 신, 비의 신, 구름의 신과 함께
삼천 명을 거느리고 왔다고 해요.
많은 신 중에 바람, 비, 구름의 신을 데리고 온 건
그만큼 바람, 비, 구름이 우리의 삶에 꼭 필요했다는 거예요.
당시 사람들에게 농사가 소중했다는 뜻이지요.

사람이 되고픈 곰과 호랑이

환웅이 인간 세상을 다스리기 시작하자
곰과 호랑이가 환웅을 찾아와 사람이 되게 해 달라고 빌었어요.
환웅은 쑥과 마늘을 먹으면서 백 일 동안 햇빛을 보지 않으면
사람이 될 수 있다고 알려 주었지요.
호랑이는 이를 참지 못했고, 곰은 잘 참아 스무하루 만에 여자가 되었다고 해요.
여자가 된 곰을 웅녀라 해요.

단군이 고조선을 세워요

환웅이 웅녀와 결혼해 단군을 낳았어요.
단군은 잘 자라 우리나라 최초의 국가인 고조선을 세웠지요.
그런데 진짜 단군의 아버지는 하늘에서 왔고,
단군의 어머니는 곰이었을까요?

단군 신화 속에 숨은 뜻

아주 옛날 나라를 세운 이야기에는
이렇게 좀 황당하고 과장된 이야기가 섞여 있어요.
오랜 시간 동안 사람들의 입을 통해 전해지면서
부풀려지기도 하고 재미있게 바뀌기도 하거든요.
그러니 그 이야기 속에 숨은 뜻을 잘 살펴봐야 해요.

먼저 단군의 아버지, 환웅이 하늘에서 왔다는 것은,
단군이 특별한 사람이라는 것을 뜻해요.
특별하다는 것은 나라를 다스릴 수 있는 능력이 있다는 거예요.

그리고 사람이 되지 못한 호랑이와 사람이 된 곰 이야기는,
환웅의 무리가 호랑이를 숭배하는 집단과는 힘을 합치지 못했고,
곰을 숭배하는 집단과 힘을 합쳐 고조선을 세웠다는 의미일 거예요.

단군은 정말 천오백 년을 살았을까?

단군은 고조선을 세운 뒤 천오백 년 동안이나 다스렸다고 해요.
사람이 천오백 년이나 살 수는 없는 일이고,
아마 단군의 후손이 대를 이어 가며 고조선을 다스렸다는 뜻일 거예요.

고조선은 청동기 시대에 세워졌어요

단군이 고조선을 세우던 무렵은 청동기 시대였어요.
청동으로 무기와 제사 도구를 만들고,
조, 피, 수수, 기장, 콩, 보리농사뿐 아니라 벼농사를 지었으며,
개, 돼지, 소, 말을 길렀죠.

신분을 나타내는 삼베옷과 비단옷

청동기 시대에는 모든 사람이 평등하지 않다고 했죠?
고조선에도 부자와 가난한 사람이 있었고,
권력을 가진 사람과 그렇지 않은 사람이 있었어요.
이렇게 신분이 나뉘면서 옷차림도 구분되기 시작했지요.
권력을 가진 부자는 비단이나 가죽으로 만든 옷을 입었고,
가난한 사람은 삼베로 만든 옷을 입었어요.

고조선 사람의 옷차림

남자 어른은 머리에 상투를 틀고, 머릿수건을 두르거나
풀을 엮어 만든 삿갓, 짐승 가죽으로 지은 쓰개 같은 것을 썼어요.
옷차림은 바지와 저고리를 기본으로 입고,
두루마기와 비슷한 웃옷을 걸치기도 했고요.
여자는 바지 대신 치마를 입었지요.
대부분 짚신을 신었지만, 부자는 가죽신을 신거나 가죽에 비단을 덧대
멋을 내기도 했어요.

떡과 술도 먹어요

농사를 짓고 가축을 길렀기 때문에 먹을거리가 비교적 넉넉했어요.
흰쌀밥은 부자만 먹었지만,
그래도 대부분 잡곡밥에 고기나 생선, 나물을 반찬으로 먹었지요.
결혼식이나 새집을 지은 날 같은 특별한 날이면
쌀을 빻아 만든 떡이나 곡물로 담근 술을 준비했고요.

간장과 된장

음식 맛을 내기 위해서나 상하지 않게 보관하기 위해
소금을 많이 이용했어요.
물고기, 조개, 나물 등을 소금에 절여 요리했지요.
또한, 고조선 지역에 콩이 많이 나서
콩을 소금에 절여 간장이나 된장을 만든 뒤 양념으로 쓰기도 했어요.

온돌을 만들어요

고조선 사람은 땅 위에 집을 지었어요.
땅을 조금 파 바닥을 탄탄하게 하고 나서 기둥을 세우고
벽과 지붕을 만들었지요.
방바닥 아래에 불로 따뜻하게 데우는 온돌을 만들었고요.
집 크기도 예전보다 커져서 온 가족이 한 방에 모여 살던 생활에서 벗어나
부모의 잠자리와 아이들의 공간이 따로 나뉘었어요.

제사를 지내고 축제를 즐겨요

봄에는 농사가 잘되게 해 달라는 기원의 마음을 담아서,
그리고 가을에는 농사가 잘된 것에 대한 감사의 마음을 담아서,
하늘에 제사를 지냈어요.
제사를 지낸 뒤에는 음식과 술을 먹고 마시면서
춤과 노래를 즐겼죠.

고조선에는 엄격한 법이 있어요

고조선에는 해서는 안 될 여덟 가지를 정한 법이 있었어요.
다섯 가지는 현재 전하지 않고, 세 가지 내용만 전하지요.
첫째, 사람을 죽이면 사형에 처한다.
둘째, 남을 다치게 하면 곡식으로 갚는다.
셋째, 도둑질한 사람은 노비로 삼는데,
    노비가 되지 않기 위해서는 오십만 전을 내야 한다.

귀족과 평민, 노비가 있어요

고조선의 법을 보면, 도둑질한 사람은 노비로 삼는다고 했죠?
고조선은 귀족, 평민, 노비로 신분이 나뉘어 있었어요.
귀족은 많은 재산과 땅을 가졌고, 노비도 거느렸죠.
평민은 농사를 짓거나 옷감, 도구 등을 만들었고요.
노비는 귀족에게 소속돼 귀족을 위한 일을 했어요.
주로 전쟁에서 포로로 끌려오거나 죄를 지은 사람이 노비가 되었지요.

철을 사용하기 시작해요

고조선은 주변 지역을 아우르며 중국의 연나라와 힘을 겨룰 만큼 성장해 갔어요.
고조선이 성장하던 무렵 철을 사용하는 철기 시대가 시작되었죠.
청동보다 훨씬 단단하고 구하기도 쉬운 철로 무기를 만들고, 다양한 도구도 만들기 시작했어요.

고조선의 무기들

고조선 초기에는 비파형 동검을 만들었고,
후기에는 폭이 좁고 가는 세형 동검을 만들어 사용했어요.
또한, 고조선의 병사는 물고기 비늘처럼 생긴 쇳조각을 가죽끈으로 촘촘하게
이어 만든 갑옷을 입고, 말이나 수레, 전차를 타고 전쟁을 했지요.
철을 사용하게 된 뒤에는 쇠로 만든 긴 칼과 지금의 석궁 같은 쇠뇌를
이용해 강력한 전투력을 갖췄고요.

나는 세형 동검이야!

중요한 일을 앞두면 점을 쳐요

고조선의 지배자는 전쟁처럼 중요한 일을 앞두면
신에게 뜻을 물어보았어요.
소 어깨뼈에 구멍을 약간 뚫어 놓고,
그 구멍 속으로 불에 달군 막대기를 넣고
비벼서 뼈가 갈라지는지를 보는 거죠.
만약 뼈가 갈라지면 좋지 않은 징조라고 여겼어요.
그것이 하늘의 뜻이라고 믿었어요.

위만 조선

중국에서 위만이라는 장군이 고조선으로 넘어와 신하가 되었어요.
당시 고조선의 왕이었던 준왕은 위만에게 서쪽 땅을 다스리게 했지요.
그런데 점점 세력이 커진 위만이 준왕을 몰아내고 고조선의 왕이 되었어요.
이때부터를 위만 조선이라고 해요.

한나라의 침입으로 고조선이 멸망했어요

위만의 손자인 우거왕 때 중국 한나라가 고조선에 쳐들어왔어요.
고조선의 기세에 위협을 느낀 한나라가
자신들을 섬기라고 고조선 사람들에게 요구했거든요.
하지만 고조선은 고개를 숙이지 않았고
이에 화가 난 한나라가 고조선을 공격했어요.
처음에는 고조선이 승리를 거두며 잘 막아 냈지만,
한나라 군사에 성이 포위되면서 전쟁이 길어졌어요.
결국 고조선의 장군 몇 명이 우거왕을 죽이고 한나라에 항복했어요.
그렇게 고조선은 무너졌지요.

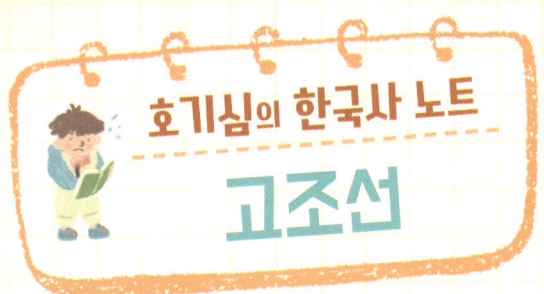
호기심의 한국사 노트
고조선

이 소리야!
으르렁! 어흥!

단군의 아빠는 하늘 나라에서 온 환웅이고, 엄마는 곰에서 사람으로 변한 웅녀이다.

우리나라 최초의 나라는 단군이 세운 고조선이다.

고조선 사람은 제사를 지낸 뒤 술과 음식을 먹으며 축제를 즐겼다.

고조선은 엄격한 법이 있어, 사람을 죽이면 사형에 처했다.

고조선 사람은 철을 사용하여 강력한 무기를 만들기 시작했다.

124

고조선은 귀족, 평민, 노비로 신분이 나뉘어 있었다.

고조선의 남자는 저고리와 바지를, 여자는 저고리와 치마를 입었다.

고조선 사람은 땅 위에 집을 짓고 온돌도 만들었다.

고조선 사람은 밥과 고기, 나물을 먹었고, 특별한 날에는 떡이나 술도 준비했다.

고조선은 점차 힘이 세졌다. 하지만 중국 한나라의 침입으로 결국 멸망했다.

"아하!
왜 그런 소리가 나는지 이제 알겠어!"

201호 고조선 사람들과 함께 찰칵!

201호 고조선 이야기 끝 >>>